MW01243954

Made in the USA
Middletown, DE
30 November 2022

16545273R00071